DAS GEHEIMNIS DER SIEBEN SIEGEL

Impressum

Original: THE BOOK OF LIGHT (Lanoo)
Library of Congress, Washington D.C.
TXU 451243, 02.01.1991
Übersetzung: Elke Straube

Schriftsatz und Gestaltung: Elke Straube
Covergestaltung: Steffen Hartmann
Herstellung: Books on Demand GmbH
ISBN: 978-3-949377-12-9

DAS GEHEIMNIS DER SIEBEN SIEGEL

LANOO
(Christian Anders)

In tiefer Verehrung für

Helena Petrovna Blavatsky (1831-1891)
und
Dr. Georg Grimm (1868-1945)

Inhaltsverzeichnis

DAS GEHEIMNIS DER SIEBEN SIEGEL

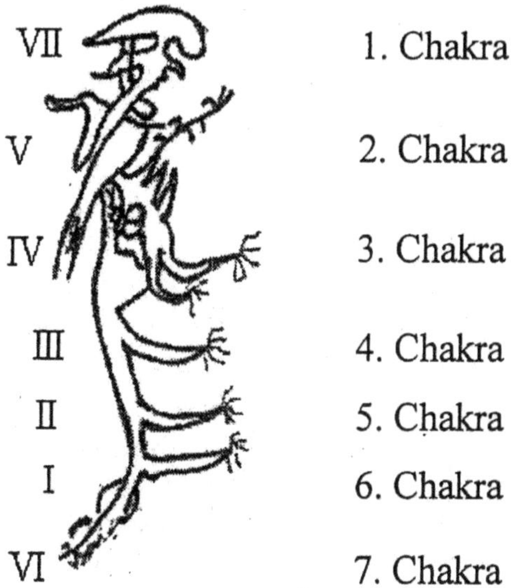

LANOO (Christian Anders)

Die sieben Siegel sind die sieben Chakren des menschlichen Körpers, beherrscht von den sieben Tierkreiszeichen. Die verbleibenden fünf Zeichen beeinflussen den ätherischen oder prāṇa प्राण Körper. Die sieben Städte, Gesellschaften, Posaunensignale und Reiter, die in der Bibel genannt sind (Apokalypse), sind geheime Hinweise auf die sieben Chakren, ihre entsprechenden Organe und die Gefühle, die vom Kandidaten erfahren werden, zum Beispiel bei der Einweihung, wenn Kuṇḍalinī erwacht und in der Reihenfolge der Nummerierung fließt.

So ist es die zweite Chakra von unten[1], die sich zuerst öffnet und deshalb das erste Siegel wird. Warum? Weil es in der zweiten Chakra von unten ist, wo die positiven und negativen Energieströme beginnen, zusammen mit den zwei prāṇischen Nervensträngen, entlang des Rückgrats, um sich wiederzutreffen an dem Punkt zwischen den Augen (siehe esoterische Beschreibung des menschlichen Rückgrats in „Die Schlange“, S. 12). Dies ist auch so, weil die Fortpflanzungsorgane verbunden sind mit der zweiten Chakra von unten, so dass Kuṇḍalinī hier beginnt, denn diese Chakra garantiert das Überleben der Arten. Ein anderer Grund dafür, dass die zweite Chakra von unten das erste Siegel ist, ist „der Fall der Menschheit " ca. 18.000.000 v. Chr., aber auch die Anordnung der Siegel beim Menschen[2] zuvor.
Das Öffnen der Siegel oder Chakren und die resultierenden dramatischen Gefühle beim Kandidaten werden in symbolischer Form im letzten Buch der Bibel "Offenbarung", auch bekannt als "Apokalypse", beschrieben und vollständig

1 Oder sechste Chakra von oben.

2 Durch die Engel.

enthüllt im *BUCH DES LICHTS*. Sind einmal alle Siegel oder Chakren geöffnet und vom Kandidaten durch moralische Reinheit, Studium und Meditation besiegt, ist der Kandidat dwija द्विज oder „zum 2. Mal geboren“ oder „wiedergeboren“ und hat ununterbrochene Wahrnehmung erlangt. Er kann seinen physischen Körper verlassen und in diesen wieder durch seinen Willen zurückkehren. Für den, der überwunden hat, wird es keinen Tod mehr geben. OM. Er oder sie wird den Körper in vollem Bewusstsein durch die Chakra auf dem Kopf (siebentes Siegel) verlassen, um dann weiterhin auf der astralen, mentalen und geistigen Ebene zu leben und deren Bewohnern (verstorbenen Menschen, Engeln, natürlichen Geistern usw.) zu lehren, dass alles vergänglich ist und dass der Sinn des Lebens auf ALLEN Ebenen NIRVĀṆA ist, die Abwesenheit allen Verlangens.

Die sieben Siegel können auch durch Klang erweckt werden, zum Beispiel durch den Klang der 49 Buchstaben (plus einem) des Sanskrit-Alphabets. Der Klang und Takt von Rap, Rock, Punk, Disco usw. erregt und erweckt extrem die niederen Siegel oder Chakren, besonders bei jüngeren Menschen, die sie noch nicht besiegt haben, und entfesselt all die negativen Aspekte (Hass, Ärger, Depressionen usw.) in ihren Chakren, was zu der chaotischen Situation von heute führt (Verbrech-

en, Gangs, Mord, moralischer und geistiger Verfall usw.).
Bevor er sich mit der Erweckung der sieben Siegel befasst, sollte der Schüler vertraut werden mit der esoterischen Natur des menschlichen Rückgrats, von dessen Anatomie die orthodoxe Wissenschaft nur wenig weiß. Ich jedoch behandle hier nicht zu ausführlich das, was schon über den menschlichen Körper bekannt ist. Das kann man in jedem anatomischen Buch[3] nachschlagen. Ich erkläre lieber die ätherisch-astral-mentalen Ursachen HINTER dem physischen Phänomen.

DER MENSCHLICHE KÖRPER

Der menschliche Körper hat vier esoterische Abteilungen:

1. Gehirn = Organ des höheren Bewusstseins
2. Lungen und Herz = Organe niederen Bewusstseins; niedriger, aber nicht notwendigerweise negativ
3. Nabel = Organ oder besser Zentrum der leidenschaftlichen Natur
4. Genitalien = Organe der Fortpflanzung[4]

---

3 Obwohl sogar ihre physischen Definitionen oft falsch sind.

4 Wenn nicht in sexueller Aktivität gebraucht, leiten sie Kuṇḍalinī höher, bis hin zur Erleuchtung.

Das Nervensystem hat duale Aspekte:

1. Cerebro-spinal = Gehirn + Rückenmark,
2. Empfindungs- oder Reizsystem = Serie von Wahrnehmungsnervenzentren oder Ganglia[5], wie zu sehen in der Illustration und später auch im Detail.

DER ASTRALKÖRPER

Menschen haben einen physischen und sechs aurische Körper, von denen jeder auf seiner eigenen Ebene existiert, noch vereint und getragen vom physischen Körper, der auch beeinflusst wird. Jedes physische Organ hat ein astrales Gegenstück. Der Astralkörper wurde aus 420000 Nadis oder Kanälen gemacht, drei Hauptkanälen und einem vierten, welcher parallel zur Wirbelsäule verläuft. Dieser vierte Hauptkanal beginnt im Gehirn und endet an der Spitze oder dem unteren Ende des Rückgrats in einem vertieften Kanal (Kanda कन्द). Zwei andere Hauptastralkanäle oder Astralnerven, Ida इद und Pingala पिन्गाल, beginnen an jedem Nasenloch, verlaufen abwärts entlang des Rückgrats, dabei ätherische Kraft transportierend (positive und negative), inhaliert aus der Luft. Die ätherische Kraft manifestiert sich

5 Kleine Mengen vaskulärer Neurine, die sich an jeder Seite des Rückgrats ausdehnen, vom Kopf zum Steißbein.

zuerst in der zweiten Chakra von unten, wo diese zwei astralen Kanäle enden oder beginnen, wie auch immer man es sehen möchte. Aus diesem Grunde ist die zweite Chakra[6] das erste Siegel.

Der Inhalationsprozess funktioniert wie folgt:

1. Luft tritt in die Nase.
2. Ein winziges Ventil an der Wurzel des Nasenlochs öffnet sich.
3. Sauerstoff, Stickstoff, Wasserstoff, Krypton (pass auf, Superman ...) und andere Gase strömen in die Lunge.
4. Ätherische Energie oder prāṇa fließt entlang der zwei Astralnerven Ida und Pingala und manifestiert sich in dem ersten Siegel oder der zweiten Chakra von unten, in unserer Nummerierung Chakra Nummer sechs.

Die Nervenzentren sind aufgelistet wie in der Illustration auf S. 1:

1. Conarium (Sahasrāva)
2. Cavernous = Hohlräume enthaltend (Ajṇa)
3. Pharyngeal = den Rachen betreffend (Vishuddhi)
4. Cardiac = das Herz betreffend (Anahata)

---

6 Von unten, aber auch die sechste von oben.

5. Epigastrium = den Bauchraum betreffend (Manipuraka)
6. Prostatic = die Prostata betreffend
7. Sacrales Nervenzentrum = das Kreuzbein betreffend, die Analchakra (Muladhara). Missbrauche es, und du zahlst den Preis...

All die verheerenden Theorien der Psychoanalyse resultieren aus der Tatsache, dass diese „Wissenschaft" den Menschen im Grunde vom AFTER aufwärts definiert, folglich Anal[7]yse. Der Grund: Menschen wie Siegmund Freud usw. befanden sich selbst oft stark unter dem Einfluss ihrer eigenen Anal- oder niederen Chakren. Wieder einmal sind es die Blinden, die die Blinden führen, was wiederum zu dem Milliarden Dollar Geschäft von heute, genannt „Psychoanalyse" führte.

DIE ZIRBELDRÜSE

... befindet sich im Gehirn hinter dem äußersten Ende des dritten Ventrikels. Form: Klein, kegelförmig, dunkelgrauer Körper, gefüllt mit Phosphat und Kalkkarbonat. Wird dieses Material einmal von Kuṇḍalinī berührt, wirst du sogar sichtbar leuchten und Erleuchtung erfahren. Diese Drüse ist, wenn auch jetzt verkümmert, das erste Auge der androgynen Rasse. Unter der Zirbel-

7 Mod. Latein für anus = ANALIS ...

drüse und hinter den zwei Augen ist die Hypophyse, Sitz der Seele. Beide, Zirbeldrüse und Hypophyse, waren einmal eins.

DAS GEHIRN

Das Gehirn hat 12 spirituelle Zentren, schon während der Geburt beeinflusst von den 12 Tierkreiszeichen.

DIE ENDOKRINEN DRÜSEN

1. Zirbeldrüse und
2. Hypophyse

Regulieren Wachstum, Knochenstruktur und sind auch verbunden mit den Geschlechtsorganen, wenn sie beim Orgasmus von Kuṇḍalinī berührt werden, was Kuṇḍalinī nach unten führt und ein Loch in deine ätherische Chakra reißt, die dich mit der Welt der Dämonen verbindet. Sicherer wäre es, Kuṇḍalinī natürlich durch Enthaltsamkeit von sexueller Aktivität anzusammeln. Dann ist das spirituelle Orgasmusgefühl für immer ... und muss nicht erneuert werden durch sexuelle Aktivität.

3. Schilddrüse

Reguliert Produktion und Verteilung von Thyroxin (komplexe Jodverbindung). Sie befindet sich im Hals. Hält die Körperfunktionen im Gleichgewicht, unterstützt Verdauung, Ausscheidung usw.

4. Nebenschilddrüse

Drüse, die sich in der Schilddrüse befindet, reguliert den Stoffwechsel, Kalziumsalze, Milchsäure, Phosphate. Wichtig für Gehirn, Nerven- und Sexfunktion.

5. Thymusdrüse

Befindet sich im Brustkorb. Groß bei Kindern, klein bei Erwachsenen. Ein wichtiger Teil des Immunsystems, kontrolliert Herzfunktion und Drüsensubstanzen. Liebe erfahren wir **dort** und erst in zweiter Hinsicht in unserem Herzen. Der Grund, warum die meisten Menschen nicht aufrichtig lieben können, selbst wenn sie wissen, sie sollten, ist der, dass sie mit einer kleinen Thymusdrüse karmisch geboren wurden.

6. Milz

Sitz des Astralkörpers. Beim Tod sondern Menschen oft eine rauchartige Substanz aus der Milz ab, wie von vielen Ärzten und Krankenschwestern bezeugt wird. Die medizinische Wissenschaft denkt, dass die Milz, die sich im linken oberen Quadrat des Bauchraums befindet, rote Blutkörperchen zerstören und Antikörper gegen Bakterien und andere Infektionen bilden kann. Das ist Unsinn. Lies mein Buch über Aids, und du wirst verstehen[8]. Tatsache ist: Milz und Hypophyse sind verbunden und beeinflussen den Körper wie eine perfekt funktionierende Triade. Die Milz ist außerdem eine Filterstation innerhalb des Körpers.

DIE LUNGE

Mit jeder Inhalation erhalten wir von oder besser gesagt durch die Lunge nicht nur Luft, sondern auch ätherische oder prāṇische Kraft von der astro-ätherischen Ebene, die auch dem astralen oder ätherischen Körper Energie verleiht. Wir atmen wie alles andere auch, weil das Universum expandiert und sich zusammenzieht oder inhaliert und exhaliert.

DAS HERZ

… ist keine Pumpe, sondern ein Ventil im vaskulären Blutsystem. Es reguliert den Blutkreislauf.

DIE PROSTATA

… ist eine Drüse in der Nähe des Rückgrats, wo sie den unteren Teil der Blase berührt. Beim Mann hat die Prostata die Größe der Faust eines Babys, bei Frauen ist die Prostata auch vorhanden, aber viel kleiner. Die meisten Männer

---

8 "Der Mann, der Aids erschuf", Verlag Elke Straube, ISBN: 978-3-937699-39-4

haben Prostatitis, eine häufige Komplikation bei Gonorrhöe.

Die Samenleiter der männlichen Hoden münden in die Prostata. Zwischen der Prostata und dem Schambein ist das venöse Nervengeflecht der äußeren Schamteile, wo die Rückenvene des Penis endet. Die Prostata ist das ERSTE SIEGEL. Diejenigen, die dieses Siegel besiegen, werden alle anderen besiegen, weshalb ich der Beschreibung ihrer Funktion etwas mehr Raum und Zeit widme.

Die Prostata ist der Sitz des spiralen Feuers, der sechsten Chakra. Wenn es geweckt wird, zum Beispiel durch sexuelle Aktivität, sondert die Prostata eine ölige Substanz ab. Wenn wir uns sexueller Aktivität enthalten, geht diese ölige Substanz ins Blut über, wo sie in den ganzen Körper transportiert wird als Teil des spiralen Feuers, einer Kraft, die Erleuchtung im Gehirn auslöst. Die ölige Substanz, die von der Prostata abgesondert wird und im Blut des ehelosen Mönchs vorhanden ist, wurde von den Christen 'CHRISM' genannt. Dieses "aufsteigende Öl" oder "Chrism" veränderte sich später zu "der steigende Christ" oder "das Blut von Christus" (Heb. 10:19; 1. Pet. 1:2; 1. Joh. 1:7) oder "der Christus im Menschen". Wie die Milz der Sitz des astralen Körpers ist, so ist die Prostata dessen Zentrum, von welchem 72000 Nadis aufsteigen, die aus astralen Stoffen bestehen und übersinnliche Ströme transportieren. Die zwei wichtigsten von diesen Nadis sind Ida und Pingala. SIE sind in Wirklichkeit "die Diebe", gekreuzigt an jeder Seite von Jesus, der hier aber ein Symbol für Sushumna, den vertieften Kanal an der Spitze des Rückgrats, ist. Das ist auch wie "eine Tasse", die, wenn sie mit "Chrism" oder Samenflüssigkeit gefüllt wird und diese Flüssigkeit im keuschen Kandidaten steigt, "der auferstehende Christus" wird.

DIE "SCHLANGE"

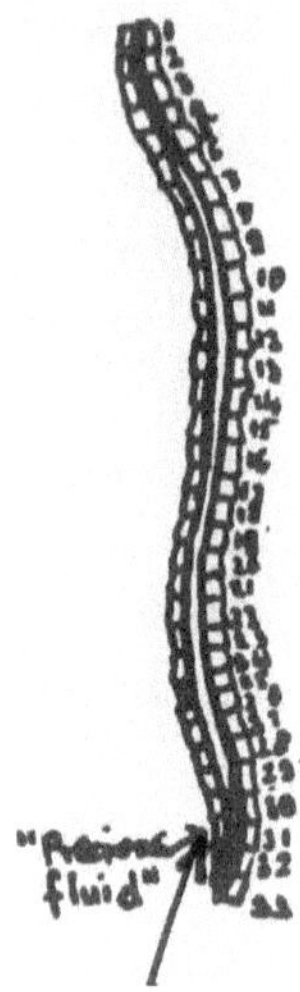

kostbare Flüssigkeit

... ist das menschliche Rückgrat oder die Wirbelsäule mit 33 Knochensegmenten, die einer

Schlange ähneln, die senkrecht auf ihrem Schwanz steht. Wenn Kuṇḍalinī einmal alle 33 Segmente bis zum höchsten hin passiert hat, wurde der Kandidat erleuchtet, weshalb "Jesus 33 Jahre lang lebte". Oder: Jesus war ERLEUCHTET.

Der zentrale Kanal der Wirbelsäule ist mit der „edlen Flüssigkeit der Erleuchtung“ gefüllt, die aus den Gasen des Körpers (Erklärung nur mündlich) entsteht. Es ist diese spinale Flüssigkeit, die, wenn sie durch Kuṇḍalinī aktiviert und mit Kuṇḍalinī gemischt wird, zum „Fluss Gottes“ wird, von dem zum Beispiel Jesus wie jeder andere Eingeweihte im Jordan „getauft“ wurde (Matth. 2:13,15). Es gab in diesen Tagen niemals einen wirklichen Jordan-Fluss, der unter diesem Namen bekannt gewesen wäre. Es ist der Medulla Oblongata, der den spinalen Strang mit dem Gehirn verbindet und Symptome wie Migräne, Kopfschmerz usw. auslöst, was nichts anderes ist als unregelmäßige Ausbrüche von Kuṇḍalinī, verursacht durch einen törichten, unmoralischen Lebensstil usw. Genug ist enthüllt worden, um es dem Kandidaten zu ermöglichen, die Chakren oder Siegel zu erwecken und so zurückzukehren zu seinem oder ihrem unsterblichen, unerschaffenen, ewigen, zeitlosen Sein. OM.

DER MENSCH MIT SIEBEN CHAKRAS
(und den damit verbundenen inneren Organen und Ganglien (Nervenzentren)

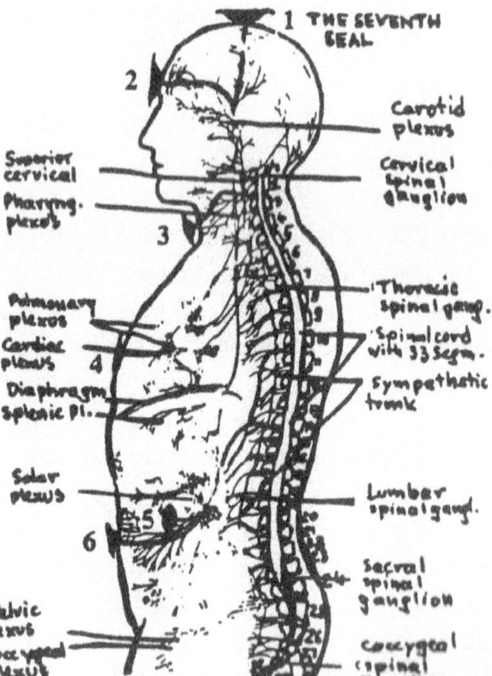

DAS ERWECKEN DER SIEGEL

Die Siegel müssen in der Reihenfolge 1, 2, 3, 4, 5, 6, 7 oder, wenn als Chakra gezählt, 6, 5, 4, 3, 2, 7 und 1 (Kopfchakra) erweckt werden. Dies geschieht durch Studium, Meditation und sexuelle

Enthaltsamkeit sowie durch KLANG, den Klang der entsprechenden Sanskrit-Buchstaben, die vor Millionen von Jahren von den Deva-Engeln gesprochen wurden, als sie die Siegel in einer am Anfang noch geschlechtslosen menschlichen Rasse anordneten. OM.
Die entsprechenden Sanskrit-Buchstaben sind die Schlüssel, welche die Siegel öffnen. Um diese Buchstaben richtig zu nutzen und auszusprechen, muss man das Sanskrit-Alphabet studieren[9].

Die Aussprache der Sanskrit-Buchstaben:

अ = a, आ = ā, इ = i, ई = ī, उ = u, ऊ = ū,
ऋ = ṛi, ॠ = ṛī, ऌ = lṛi, ॡ = lṛī, ए = e,
ऐ = ai, ओ = o, औ = au, ं = ṃ, : = ḥ,
क = ka, ख = kha, ग = ga, घ = gha, ङ = ṅa,
च = cha, छ = chha, ज = ja, झ = jha, ञ =ña,
ट = ṭa, ठ = ṭha, ड = ḍa, ढ = ḍha, ण = ṇa,
त = ta, थ = tha, द = da, ध = dha, न = na,
प = pa, फ = pha, ब = ba, भ = bha, म = ma,
य = ya, र = ra, ल = la, व = wa, श = śa,
ष = sha, स = sa, ह = ha, [क्ष = ksha]

---

9 ... und am besten gemeinsam mit Lanoo die Aussprache der Buchstaben üben. Wie? Mit der CD „Die sieben Siegel" (s. Anhang).

WARUM 49 + 1 BUCHSTABE?

Es gibt 49 Buchstaben, doch wenn wir den Konsonanten „ksha“ ergänzen, erhalten wir 50 Buchstaben, welche, wenn sie 20 mal ausgesprochen werden, die 1000-blütenblättrige Chakra auf deinem Kopf, das siebente Siegel, öffnen.

(Das „a“ immer aussprechen zwischen „a“ und „ö“, wie das „u“ im englischen „but“).

(1) अ = a

(2) आ = ā, wie das a in „Wahn“, aber zweimal so lang

(3) इ = i, wie das i in „in“

(4) ई = ī, wie das i, aber zweimal so lang

(5) उ = u, wie das u in „Pfusch“

(6) ऊ = ū, wie das u, aber zweimal so lang

(7) ऋ = ṛi, wie das ri in „Rita“, aber mehr wie das französische ru

(8) ॠ = ṛī, wie ṛi, aber das i zweimal so lang

(9) ऌ = lṛi, wie das l in „laut“ und das ri in „Rita“)

(10) ॡ = lṛī, wie lṛi, aber das i zweimal so lang

(11) ए = e, wie das e in „Weg“

(12) ऐ = ai, wie das ai in „Mai“

(13) ओ = o, wie das o in „Floh“

(14) औ = au, wie das au in „blau“

(15) ं = ṃ, wie das nasale n im franz. Wort „Bon“

(16) : = ḥ, gesprochen wie „aha“

(17) क = ka, wie das k in „kein“ plus a

(18) ख = kha, wie das kh in „Eckhart“ plus a

(19) ग = ga, wie das g in „geben“ plus a

(20) घ = gha, wie das gh in „Feigheit“ plus a

(21) ङ = ṅa, wie das n in „sing“ plus a

(22) च = cha, wie das tsch in „tschechisch“ plus a

(23) छ = chha, wie das chh in „Patschhändchen“ plus a

(24) ज = ja, wie das dsch in „Dschungel“ plus a

(25) झ = jha, wie das dsch in „Dschungel“ plus ha

(26) ञ = ña, wie das nj in „Anja“ plus a

(27) ट = ṭa, wie das t in „Taxi“ plus a

(28) ठ = ṭha, wie das th in „Echtheit“ plus a

(29) ड = ḍa, wie das d in „Dach“ plus a

(30) ढ = ḍha, wie das dh in „Blindheit“ plus a

(31) ण = ṇa, wie in rna, aber bereite dich vor, statt r n zu sagen, plus a

(32) त = ta, wie das t in „Ton“ plus a

(33) थ = tha, wie das th in „Asthma“ plus a

(34) द = da, wie das d in „Dach“ plus a

(35) ध = dha, wie das dh in „Feldherr“ plus a

(36) न = na, wie das n in „Name“ plus a

(37) प = pa, wie das p in „Paul“ plus a

(38) फ = pha, wie das ph in „Alphorn“ plus a

(39) ब = ba, wie das b in „Bombe“ plus a

(40) भ = bha, wie bh in „abhauen“ plus a

(41) म = ma, wie das m in „Mutter“ plus a

(42) य = ya, wie das y in „Yoga“ plus a

(43) र = ra, wie das r in „Raum“ plus a

(44) ल = la, wie das l in „Liebe“ plus a

(45) व = wa, wie das w in „Wachs“ plus a

(46) श = śa, wie das sch in „Schuh“, aber mehr mit dem hinteren Teil des Gaumens gesprochen, plus a

(47) ष = sha, wie das sch in „scheinen“ plus a

(48) स = sa, wie das s in „was“ plus a

(49) ह = ha, wie das h in „Hans“ plus a

(50) क्ष = ksha, wie das ksh in „Riksha“ plus a

Die Sanskrit-Buchstaben sind sehr kraftvoll. Sie einfach nur 15 Minuten oder länger anzusehen, aktiviert die Chakren bereits.
Auf den nächsten Seiten wirst du die 50 Sanskrit-Buchstaben oder "Siegel-Öffner" in verschiedenen geheimnisvollen Anordnungen finden.

Schaue sie an und erfahre …

DIE KRAFT

DER

SIEGEL

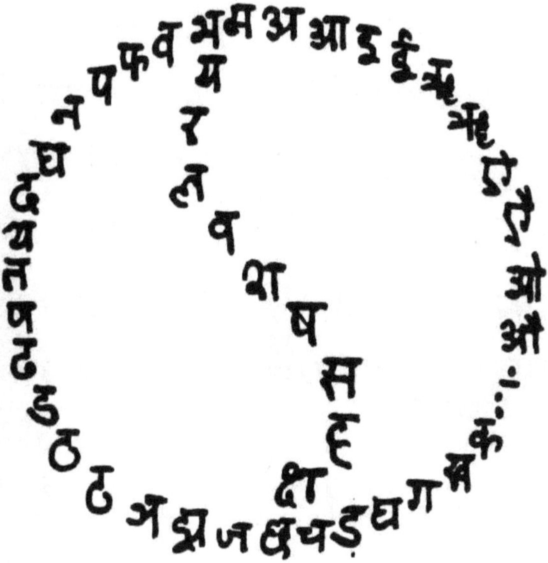

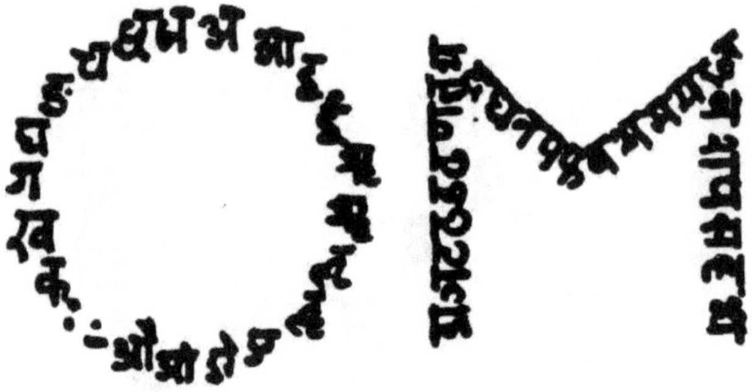

Das SCHREIBEN der Buchstaben (siehe *DAS BUCH DES LICHTS*) öffnet die Siegel ebenfalls.

WICHTIG: Welche Gefühle man auch immer beim Öffnen der Siegel erfahren wird, er oder sie darf ihnen NICHT nachgeben (wie Koresh und andere es taten …), sondern NEUTRAL beobachten, bis sie wieder verschwinden und so das spiralförmige Feuer höher und höher drücken, Siegel um Siegel öffnend, Chakra nach Chakra, bis hin zum SIEBENTEN SIEGEL oder der ERSTEN CHAKRA[10], bis Unsterblichkeit erreicht ist. OM.

10 Von oben.

DAS ERSTE SIEGEL I
DIE SECHSTE CHAKRA (von oben)

Schütze

Prostata-Ganglion (Kraftzentrum). Gefühle beim Erwecken: Phallisch, Sexzentrum, in der Bibel symbolisiert als "die Stadt Smyrna", bekannt für ihre Feigenproduktion.

" … (als) das Lamm das erste der sieben Siegel öffnete, … ich sah, und siehe, ein weißes Ross, und der auf ihm saß, hielt einen Bogen …" (Offenbarung 6:1,2). "Das erste der sieben Siegel" ist nur ein neuer Schleier, um die Wahrheit vor den Massen zu verhüllen, sie in ihren Fesseln zu halten, wo sie am schwächsten sind - in ihrem sexuellen Verlangen. Das "weiße Ross" zeigt uns, dass es hier ist, wo Reinheit erreicht werden muss, nämlich durch Überwinden des sexuellen Verlangens, durch das Sich-Enthalten jeglicher Zeugungsaktivität, um so zu ermöglichen, dass "der Christus" (bzw. Kuṇḍalinī) steigen kann, der "Bogenschütze" bist du, der Bezwinger.

Bevor ich dir die Buchstaben, die das erste Siegel öffnen, enthülle, lass mich betonen, der sicherste Weg, die Siegel zu öffnen, ist ein reines Leben (kein Sex, keine Drogen, kein Alkohol), iss nur vegetarische Lebensmittel, trinke nur Wasser, studiere und meditiere, und die Siegel oder Chakren werden von selbst erwachen. DANN kannst du die Sanskrit-Buchstaben anwenden.

Das erste Siegel wird geöffnet, indem man sich auf die sechste Chakra (Adhisthana) konzentriert und die Sanskrit-Buchstaben 39-44 spricht:

ब भ म य र ल

oder: ba (39), bha (40), ma (41), ya (42), ra (43), la (44).

Nachdem du die Buchstaben gesprochen hast, konzentriere dich auf das nächste Siegel bzw. die nächste Chakra und sprich oder denke nur die entsprechenden Buchstaben. Schreiben hat den gleichen Effekt, aber ohne das STUDIUM des Sanskrit-Alphabets wird überhaupt kein Ergebnis möglich sein.
Das "Posaunensignal" beim Öffnen des ersten Siegels verkündet: "Hagel und Feuer, mit Blut

vermischt, … wurde auf die Erde geworfen, und es verbrannte der dritte Teil der Erde, und es verbrannte der dritte Teil der Bäume und es verbrannte alles grüne Gras" (Offenbarung 8:7). Das deutet auf das Erwachen des psychischen Bewusstseins, das ein Drittel unserer Natur ist. "Hagel" ist das Mond-Element in uns, welches leidenschaftlich erfahren wird. "Feuer" ist die solare Kraft, die über uns ist und darauf wartet, sich zu mischen mit dem Blut und/oder der Erde - Kuṇḍalinī, die durch unsere Füße nach oben schießt und die bei der "Hochzeit des Engels" auf die Sonnen-Kuṇḍalinī trifft beim Öffnen des siebenten Siegels.

Der "DRITTE TEIL" spielt auch auf den "Fall der Menschheit" an oder auf die Weigerung "… des einen Drittels der Engel, eine bis dahin gedankenlose Rasse mit dem Denken auszustatten, was zum KRIEG IM HIMMEL führte" (siehe *DAS BUCH DES LICHTS*). Das erste Siegel steht unter dem Einfluss des Schützen, des "Bogenschützen".

DAS ZWEITE SIEGEL II
DIE FÜNFTE CHAKRA (von oben)

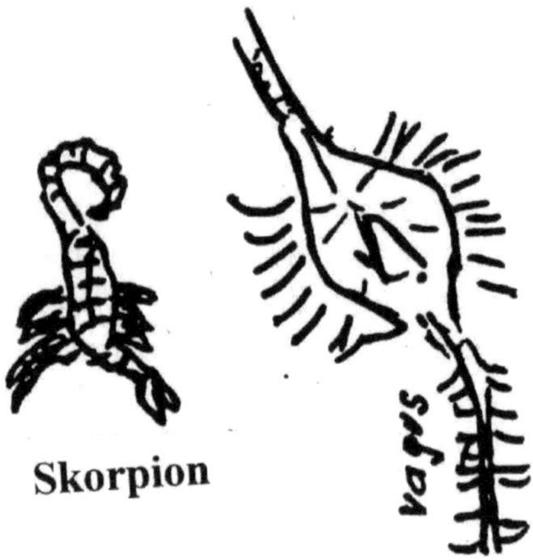

Skorpion

Epigastrisches Ganglion (Kräftezentrum). Gefühle beim Erwecken: Psychische Kräfte, in der Bibel symbolisiert als "die Stadt Pergamon", bekannt für psychische Tempel.

"Als es das zweite Siegel öffnete, ... kam ein weiteres Ross, feuerrot, und dem, der auf ihm saß, wurde ... ein großes Schwert gereicht" (Offenbarung 6:3,4). Das "feuerrote Ross" deutet auf die Unterleibsgegend, dessen Reiter auf personifizierte Leidenschaft (genauso wie der rote Drachen usw.). Das frühzeitige Öffnen dieses Siegels entfesselt die Leidenschaft.

Das zweite Siegel wird geöffnet, indem man sich auf die nun folgenden Sanskrit-Buchstaben 29-38 konzentriert und sie ausspricht:

ड ढ ण त थ द ध न प
फ

oder: ḍa (29), ḍha (30), ṇa (31), ta (32), tha (33), da (34), dha (35), na (36), pa (37), pha (38).

Das "Posaunensignal" beim Öffnen des zweiten Siegels verkündet einen "großen feuerglühenden Berg", als ob er "in das Meer geworfen" wurde. Und wieder: " … der dritte Teil des Meeres wurde zu Blut, und es starb der dritte Teil der Geschöpfe, die im Meer leben, und der dritte Teil der Schiffe[11] ging zugrunde" (Offenbarung 8:8,9). Der "feuerglühende Berg" ist (auch) ein Symbol des Mars, der unsere niedere Natur, "das Meer", beherrscht. Nur derjenige, der der Herr über Leidenschaft und sinnliche Begierde ist, wird das Öffnen des Siegels überleben. David Koresh, Swaggart und andere überlebten es nicht oder werden es nicht überleben.
Das zweite Siegel wird beherrscht vom Skorpion (Haus Mars, Kriegsgott).

11 Ebenso ein Drittel der Planeten des Makara.

DAS DRITTE SIEGEL III
DIE VIERTE CHAKRA (von oben)

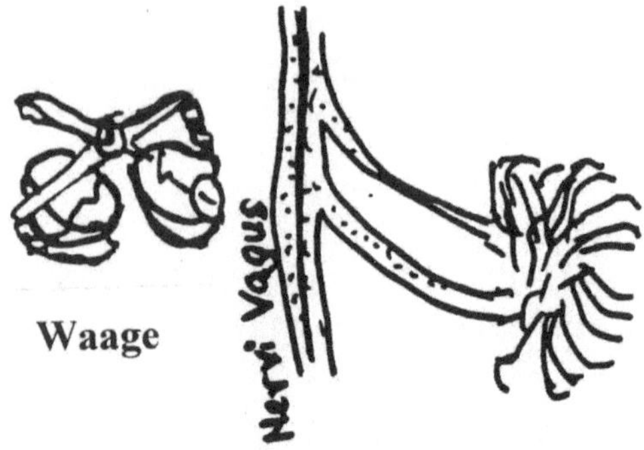

Herz-Ganglion (Kräftezentrum). Gefühle beim Erwecken: Freude und Depression, symbolisiert auch als "die Stadt Thyateira", weil sie scharlachroten Samt herstellt (bezieht sich auf den Blutkreislauf).

"Als es das dritte Siegel öffnete, ... ich sah, und siehe, ein schwarzes Ross, und der auf ihm saß, hatte eine Waage in seiner Hand" (Offenbarung 6:5). "Schwarzes Ross": niederes Denken. "Waage": Dieses Siegel steht unter dem Zeichen Waage. Das dritte Siegel ist anahata oder die Herzchakra. Im Herzen wird ein Unterschied gemacht zwischen geistigem und ungeistigem Denken (Intellekt, beschmutzt von psychischen Emotionen und sinnlichen Begierden). Man bedenke, die größten Kulturen, zum Beispiel unsere, wurden durch dieses ungeistige Denken geschaffen, was dir etwas über die "Größe" dieser Kulturen sagt. Das dritte Siegel wird geöffnet durch die Sanskrit-Buchstaben 17-28:

क ख ग घ ङ च छ ज

झ ञ ट ठ

oder: ka (17), kha (18), ga (19),
gha (20), ṅa (21), cha (22),
chha (23), ja (24), jha (25), ña (26),
ṭa (27), ṭha (28).

Beim dritten "Posaunensignal" "… fiel ein großer Stern vom Himmel … auf den dritten Teil der Flüsse und auf die Wasserquellen". "Wermut" war der Name des Sterns, der das Wasser verschmutzte und viele Menschen umbrachte, "… weil sie (die Gewässer) bitter geworden waren" (Offenbarung 8:10,11). Venus ist der fallende Stern, der die emotionale psychische Natur beeinträchtigt. "Die bitteren Wasser" symbolisieren: Jegliches Vergnügen bringt schließlich Schmerz mit sich. Doch ist die Natur des Menschen einmal gereinigt und hat er die Abwesenheit des Verlangens erreicht, die zu NIRVĀṆA führt, werden sich seine "bitteren Wasser", auch die Lebensessenz des Körpers, durch ein eheloses Leben des Studiums und der Meditation in "die süßen Wasser des Lebens" umwandeln.

DAS VIERTE SIEGEL IV
DIE DRITTE CHAKRA (von oben)

Jungfrau

Rachenraum-Ganglion (Kräftezentrum). Gefühle beim Öffnen: "Schmecken des Wortes". Wir können Kuṇḍalinī buchstäblich schmecken, denn sie berührt den Adamsapfel. Deshalb ist die "Stadt von Sardeis" das Symbol, was auf ein Fleischteil deutet oder fleischliche Lust und deren Überwindung.

"Als es das vierte Siegel öffnete, ... ich sah, und siehe, ein fahles Ross, und der auf ihm saß, dessen Name ist 'der Tod', und die Unterwelt bildet sein Gefolge. Das "fahle Ross" ist die niedrigste Sexregion, DIE treibende Kraft in oder von jedermans niederem Selbst. Es gibt keine wirkliche Befreiung von irgendetwas, bis man diese Kraft nicht besiegt oder besser sich von ihr gelöst hat. Siegfried überwindet den Drachen. Er tötet ihn nicht, sondern hält ihn nur nach unten mit seinem Speer.

Sex existiert in zwei Bereichen, dem psychischen und dem körperlichen, während des Lebens UND nach dem Tode auf den niederen Astralebenen (sogar gerade jetzt während des Lebens des physischen Körpers). Jegliches Verlangen kann nur besiegt werden, indem man ihm nicht nachgibt, sondern es Schritt für Schritt überwindet, bis es von dir abfällt. Während des Prozesses der Loslösung und des Überwindens kann dein Verlangen sogar noch stärker werden und es kann die Gefahr bestehen, dass es dich überwältigt, indem es sich in das "Biest" verwandelt und so also in den wahren Feind, der du bist, oder besser, der das ist, was du NICHT bist. Bleibe stark, bleibe der neutrale Beobachter, der alles wahrnimmt. Während der Rest der Welt seinem Verlangen nachgibt und so mehr und mehr zu dessen Sklaven wird, greifst du es an und zerstörst es ganz allein, nur durch Beobachten und indem du ihm NICHT nachgibst. Hüte dich vor dem "BIEST", dem wilden Tier in dir! Es ist nirgendwo da draußen, nicht einmal in dem von der Neuen-Welt-Ordnung kontrollierten Supersatelliten, das "Biest" ist in DIR und um DICH herum, es ist das, was du NICHT bist, und du bist nicht dein Körper, dein Gefühl, dein Denken, deine Seele und nicht einmal dein Geist. OM.

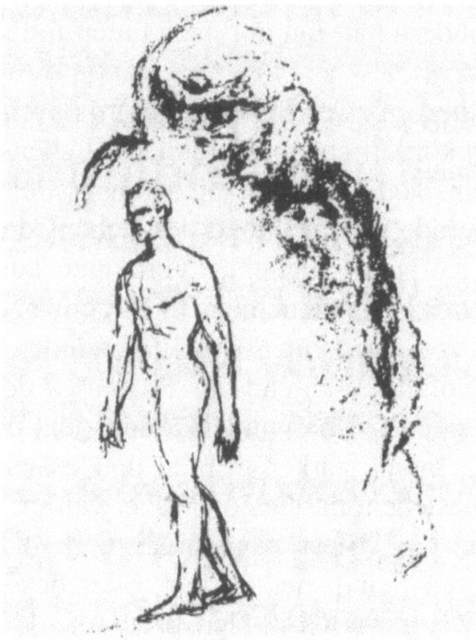

DAS BIEST in dir und um dich herum

Das vierte Siegel wird geöffnet durch Konzentration auf die fünfte Chakra (vishuddhi) und durch Sprechen der Sanskrit-Buchstaben 1-16:

अ आ इ ई उ ऊ ऋ ॠ ऌ ॡ ए ऐ
ओ औ ं ः

oder: a (1), ā (2), i (3), ī (4), u (5), ū (6), ṛi (7), ṛī (8), lṛi (9),
lṛī (10), e (11), ai (12), o (13), au (14), ṃ (15), ḥ (16).

Das vierte "Posaunensignal", das von der vierten Gottheit gegeben wurde, sorgte dafür, dass "...der dritte Teil der Sonne getroffen und der dritte Teil des Mondes und der dritte Teil der Sterne, so dass die zu einem Drittel verfinstert wurden und der Tag für ein Drittel sein Licht verlor und die Nacht desgleichen" (Offenbarung 8:12). Das bedeutet, dass nur dann, wenn die physischen und psychischen Kräfte ins Gleichgewicht gebracht worden sind und sich gegenseitig neutralisieren, das Bewusstsein in eine höhere Ebene steigen kann. Oder: Nur wenn du dich selbst vom Niederen gelöst hast, kannst du zum Höheren steigen.
Das beherrschende Tierkreiszeichen des vierten Siegels, dritte Chakra von oben, ist die Jungfrau. Nur wenn du wieder eine reine Jungfrau oder ein Jüngling wirst, kannst du es beherrschen.

DAS FÜNFTE SIEGEL V
DIE ZWEITE CHAKRA (von oben)

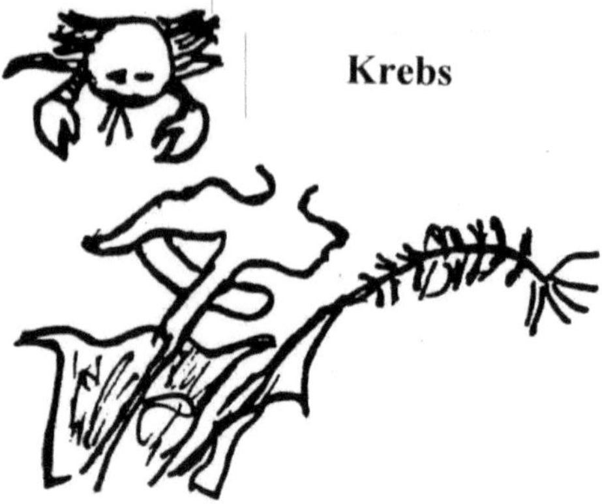

Höhlenartiges Ganglion (Kräftezentrum). Gefühle beim Erwecken: erdbebenartig, gewaltsam überströmend, doch schließlich zur Erleuchtung führend. Symbol: "Stadt von Philadelphia", weil wiederholt von Erdbeben zerstört.
In Offenbarung 6:9-11 lesen wir: "Als es das fünfte Siegel öffnete, sah ich ... die Seelen derer, die hingemordet waren ... und sich gedulden ..., bis ... ihre Knechte und Brüder (kommen), die noch den Tod zu erleiden hätten wie sie."
Nur ein kleiner Prozentsatz unseres Gehirns (Zellen) arbeitet tatsächlich. Der Rest wird, wenn von Kuṇḍalinī berührt, erleuchtet und "hingemordet". Aber erst müssen die anderen Zentren oder "ihre Brüder" aktiviert werden durch Studium und Meditation oder "hingemordet", wie die Bibel es ge-

macht hat. Warum "hingemordet"? Weil der Begriff "hingemordet" oft anzeigt, dass etwas Altes (Bewusstsein) umgebracht werden oder sterben muss, ehe das neue Bewusstsein entstehen kann. Das fünfte Siegel oder die zweite Chakra von oben wird erweckt durch Konzentration auf die zweite Chakra und Sprechen der Sanskrit-Buchstaben 49 und 50:

ह क्ष

oder: ha (49) und ksha (50).

Als die fünfte Gottheit beim Öffnen des fünften Siegels oder der zweiten Chakra das "Posaunensignal" gab, "sah ich einen Stern, der vom Himmel auf die Erde gefallen war … und Sonne und Luft wurden verfinstert vom Rauch … (und es) kamen Heuschrecken über die Erde … (mit einer) Kraft, wie die Skorpione der Erde sie besitzen". Die Bedeutung ist klar: Der "gefallene Stern" ist die Venus in ihrem niederen Aspekt, der bei Männern und Frauen Leidenschaft und Verlangen freisetzt, was sie wie Rauch umgibt. Die skorpionartige Kavallerie sind unreine Gedanken. "… ihnen (den Heuschrecken) wurde aufgetragen, … sie (die Menschen) zu quälen fünf Monate lang." Die fünf Sommermonate sind gemeint, weil dann Leidenschaft und Verlangen am aktivsten sind (s. Offenbarung 9:1-12). Der Krebs herrscht über das fünfte Siegel.

DAS SECHSTE SIEGEL VI
DIE SIEBENTE CHAKRA (von oben)
Am unteren Ende der Wirbelsäule

Steinbock

Kreuzbein-Ganglion (Kräftezentrum), Muladhara Chakra. Gefühle, wenn erweckt: Regenerative Kräfte, aber auch Ärger, Hass und Selbstsucht, was sich alles in der Analgegend manifestiert und verbirgt. Das Leben ist ein Ozean des Leidens, die verbotene Frucht, ein Ort der totalen Unangemessenheit für uns. Wir gehören wie alles andere auch dorthin, wo wir hergekommen sind, wir gehören nach, wir SIND in unserem Kern

NIRVĀṆA

Eine Suche nach der Wahrheit in irgend eine andere Richtung wird letztendlich zu moralischem und körperlichem Verfall führen. Primitive Takte und Rhythmen (Rap, Rock, Disco, Hip Hop usw.) erfreuen diejenigen, deren anale Chakren von niederem Bewusstsein geöffnet worden sind. Das Ergebnis: Eine Gesellschaft, beherrscht von Verbrechen und Perversion von "oben" bis "unten". Der Fisch fault und stinkt immer am Kopf (Regierung) zuerst.

Symbol für die siebente Chakra: "Dianatempel in Ephesos". Perverse Rituale fanden dort statt. Oder: Das Erwecken von Kuṇḍalinī, bevor moralische Reinheit erreicht wurde, verursacht Perversion und Tod. Deshalb lesen wir in Offenbarung 6:12-17: "... (als) es das sechste Siegel öffnete, ... entstand ein gewaltiges Beben ...". Hier bedeutet das "Beben" ein Trauma im Gehirn (fünftes Siegel), das den Kandidaten entweder erleuchtet oder zerstört. - Warum sogar den Kandidaten, der bereits moralische Reinheit erreicht hat? Weil Kuṇḍalinī, wenn sie einmal die (fast) höchste oder zweite Chakra von oben erreicht hat, hinunterschießt in die niederste und siebente Chakra. Die kleinste versteckte Unreinheit würde bedeuten, dass Kuṇḍalinī oder das Spiralfeuer weiter hinunterschießt und den Kandidaten umbringt. Wenn Kuṇḍalinī vom Meister dort umgekehrt werden kann, wird sie wieder zurück nach oben fließen und den Kandidaten wieder im Gehirn berühren.

Siehst du nun, warum jede andere Prüfung oder jedes andere Problem oder auch jede Errungen-

schaft im Leben ein Kinderspiel ist, verglichen mit "den Verfahren, Prüfungen und Martyrien der Einweihung"? UNSCHULD ist die erste und wichtigste Voraussetzung der Spiritualität.
Das sechste Siegel wird geöffnet von den Sanskrit-Buchstaben 45-48:

व श ष स

oder: wa (45), śa (46), sha (47), sa (48).

Das sechste "Posaunensignal" ließ "die vier Engel los, die gebunden sind am großen Euphratstrom". Sie sollten "den dritten Teil der Menschheit töten" (Offenbarung 9). Der Fluss Euphrat ist die cerebrospinale Achse und die vier Gottheiten herrschen über die Jahreszeiten, symbolisieren aber auch die religiöse Anbetungsmentalität dieses dritten Teils, welcher sich zum Beispiel dem Wahnsinn der Religion von heute hingibt. Das sechste Siegel (siebente Chakra von oben) wird vom Steinbock beherrscht.
Wie kann man über eine Person herrschen und bestimmen? In jeder Person, egal wie mächtig oder intelligent, ist ein Kind oder DAS Kind verborgen. Hast du einmal dieses Kind "entdeckt", sprichst du mit ihm, und so beeinflusst du diese Person und veränderst sie auch einfach zum Besseren (s. "Die sieben Strahlen", *Buch des Lichts*).

Ist einmal das sechste Siegel geöffnet, erfährt der Kandidat reinen Terror. Er wird sich der LEERE in allem bewusst, denn wir bestehen grundsätzlich aus Lücken, die sich zwischen den Atomen und Molekülen unseres Körpers befinden sowie auch um uns herum und zwischen uns. Der Buddha enthüllt: "Als ich so verweilte (allein im Wald meditierend), kam ein Hirsch vorbei, durch einen Vogel fiel ein Zweig herunter und der Wind brachte all die Blätter zum Flüstern, und ich dachte: Nun kommen sie - diese Angst und dieser Terror."

Das sechste Siegel wird beherrscht von

DEM SIEBENTEN SIEGEL VII
DER ERSTEN CHAKRA
(oberster Teil des Kopfes)

Löwe

Zirbeldrüse. Gefühl: ERLEUCHTUNG. Symbol: "Stadt Laodikeia", bekannt für die Herstellung des "phrygischen Puders oder Augenbalsams", was auf das dritte Auge und höher deutet.
" … als es das siebente Siegel öffnete, wurde es still im Himmel, … (dann) wurden ihnen sieben Posaunen gegeben" (Offenbarung 8:1-6). Wenn Kuṇḍalinī durch die sieben und zwölf Hirnzentren fließt, hört man ein Geräusch.
"Er wurde geboren" - "Es ist vollbracht", sagte Jesus am "Kreuz der Einweihung". Das bedeutet, dass der Kandidat den Test der Einweihung bestanden hat, während dem er an ein Kreuz GEBUNDEN und nicht genagelt war.
Das siebente Siegel wird geöffnet durch Sprechen der Sanskrit-Buchstaben 1-50.
Das "Posaunensignal" beim Öffnen, gegeben durch die siebente Gottheit in Offenbarung 11:15-18, verursacht "laute Stimmen im Himmel, die riefen: "… er (unser Herr) wird herrschen in alle Ewigkeit."
Das Öffnen der höchsten Chakra verursacht Unsterblichkeit im Bewusstsein, und wir hören die Stimmen der höchsten Engel, die uns sagen, dass wir "in alle Ewigkeit herrschen" und leben werden, was höchstens 311.040.000.000.000 Jahre wären, aber DANN wird alles, einschließlich der höchsten Himmel, zerstört, um wiederzuerwachen nach 311.040.000.000.000 Jahren kosmischer Ruhe. Darum rief der Buddha, der Erleuch-

tung erreicht hatte mit allen geöffneten Siegeln oder Chakren: "Und wenn ich nur unter den höchsten Göttern wiedergeboren werden würde, möchte ich nicht auf diese Welt zurückkehren. Ich habe nichts mehr gemeinsam mit der Ordnung dieser Dinge." Er wählte NIRVĀṆA, was höher ist als der höchste der Himmel mit all seinen Göttern und Gott selbst. So kann Gautama Buddha wirklich "der Lehrer der Menschen UND Götter" genannt werden. OM.

Das siebente Siegel und die erste Chakra werden vom Löwen beherrscht. Der Kreis ist geschlossen. Kuṇḍalinī, das Spiralfeuer, ist die Schlange, welche ihren eigenen Schwanz schluckt, indem sie von der niedersten Chakra oder dem sechsten Siegel, beherrscht vom Steinbock, in die höchste erste Chakra oder das siebente Siegel, beherrscht vom Löwen, steigt.

Es folgen die Sieben Siegel und ihre korrespondierenden astrologischen Sternkreiszeichen, welche die **ätherische** Struktur der Chakren beeinflussen. Jede der sieben Chakren ist siebenfältig, bestehend aus einer dichtstofflichen Struktur und sechs feinstofflichen Ätherwirbeln.

Die ätherischen Chakras werden, hier von oben nach unten und dann wieder zur ersten Chakra gezählt, in folgender Weise von den Tierkreiszeichen beeinflusst und helfen dann bei der Öffnung der Siegel:

1. Siegel 6. Chakra von oben, ätherisch beeinflusst von Widder, Stier und Skorpion.
2. Siegel 5. Chakra von oben, ätherisch beeinflusst von Widder und Löwe.
3. Siegel 4. Chakra von oben, ätherisch beeinflusst von Krebs und Löwe.
4. Siegel 3. Chakra von oben, ätherisch beeinflusst von Stier und Zwilling.
5. Siegel 2. Chakra von oben, ätherisch beeinflusst von Schütze, Wassermann und Fische.
6. Siegel 7. Chakra von oben, ätherisch beeinflusst von Widder, Stier und Skorpion.
7. Siegel 1. Chakra, ätherisch beeinflusst von Wassermann und Fische.

Wer nicht beim 1. Siegel beginnt, der wird nie Erlösung vom Samsara erlangen. OM.
Der astronomische Geburtsstern eines Menschen ist während eines Manvantara immer der gleiche. Der astrologische Stern wechselt von Geburt zu Geburt. Man löse das Rätsel. Für die Persönlichkeit oder das Anatta gilt also: In jedem Leben ein anderes Horoskop. Auf diese Weise entwickelt sich der Mensch zum göttlichen Hermaphroditen.
Sind alle Siegel geöffnet bzw. überwunden, verbleibt der wahre Mensch zeitlos-ewig unsterblich.

Das Öffnen des siebenten Siegels führt zur …

ERLEUCHTUNG

Jesus im Moment der Erleuchtung, nachdem er von seinem Guru, dem "Melchizedek" der Bibel, eingeweiht worden war.

Die ideale Ergänzung zu Buch:
Hörbuch "Das Geheimnis der sieben Siegel"

ISBN: 978-3-937699-37-0

Rezension zum Hörbuch
„Das Geheimnis der sieben Siegel“

Der „Schüler“ wird zum Lehrer

Als ich erfuhr, dass *Das Geheimnis der sieben Siegel* jetzt auch als Audiobook-Version erschienen ist, fragte ich mich zunächst: „Warum?“ Jetzt weiß ich es: Beide Fassungen, Buch + Audiobook ergänzen sich vorzüglich. Die gedruckte Version wird vom Autor im Audiobook nicht lediglich wiedergegeben, sondern kommentiert. Des Weiteren wird auf die Zeichnungen in der gedruckten Ausgabe verwiesen (mit Seitenangabe). Wer beide Versionen besitzt, hat einen besonders guten Überblick und einen Vorteil.

Die Audiobook-Version hat weitere ergänzende Vorzüge.

1. Die Hörer sind keine anonymen Wesen, sie werden mehrfach mit „Meine Lieben“ angesprochen. Dies stellt eine innere Verbindung zum Autor her.

2. Ein Hörbuch ist allgemein von Vorteil, weil die Intonation den Unterschied macht und dem Hörer nützlich sein kann. Und wer ist besser geeignet als der Autor selbst, die Audiobook-Version zu lesen?

Vielleicht erinnern wir uns an unsere eigene Schulzeit, als wir z.B. ein Gedicht rezitieren mussten. Lehrer (und auch Mitschüler) erkennen sofort, ob man ein Gedicht lediglich auswendig gelernt hat und einfach aufsagt oder ob man durch die entsprechende Intonation unter Beweis stellte, dass man den Sinn auch verstanden hat. Dies führt mich zu Punkt 3.

3. Das Audiobook ist pädagogisch/methodisch aufgebaut nach dem Prinzip des Erwerbs einer Fremdsprache im Anfangsunterricht: Hören / Sprechen / Lesen / Schreiben.

Somit wird der „Schüler“ (Lanoo) zum Lehrer: Er spricht die 49 + 1 Buchstaben des Sanskrit-Alphabets vor und der Hörer erhält die Gelegenheit, sie nachzusprechen und ihre Aussprache zu erlernen.
Vor den Kapiteln 6-12 (Das Erwecken der Siegel) wird der Hörer noch einmal vom Autor darauf hingewiesen, von welcher Bedeutung es ist, die Buchstaben des Sanskrit-Alphabets aussprechen zu können. Das bedeutet: Das Hörbuch ist in 2 Teile aufgeteilt: Das Fundamentum (Kapitel 1-5) und das Additum (Kapitel 6-12). Auch dies entspricht einer pädagogischen Vorgehensweise und zeigt, dass es dem Autor darauf ankommt, dass die Hörer wirklich einen Lernprozess vollziehen.
(Zwar sind in der gedruckten Ausgabe [Seite 16–Seite 20] Aussprachehilfen vorhanden, die aber nur denen wirklich von Nutzen sind, die durch den Erwerb einer Fremdsprache mit der internationalen Lautschrift vertraut sind oder sich in die vorgegebenen Beispiele hineinversetzen können).

Abschließend möchte ich sagen, dass, obwohl das Audiobook viele Vorteile gegenüber der gedruckten Version hat, man am besten in *‚Das Geheimnis der sieben Siegel’* eindringen kann, wenn man beide Versionen besitzt.

Reiner Möller, Studienrat i. R.

Weitere Bücher von Christian Anders

Romantisches

Der Brief
ISBN: 978-3-949377-06-8; 191 Seiten; deutsch
Der Freigänger
ISBN: 978-3-3831143122; 114 Seiten; deutsch
Der Untergang von Taro Torsay
ISBN: 978-3-937699-07-3; 104 Seiten; deutsch
Die Mauer. Liebe ist stärker.
ISBN: 978-3-937699-44-8; 204 Seiten, deutsch
Karatemeister Steve Tender. Odyssee der Rache.
ISBN: 978-3-937699-12-7; 155 Seiten, deutsch

Kritisches
The Man W.H.O. created AIDS
ISBN: 978-3-3831106226; 514 Seiten; englisch
Der Mann, der AIDS erschuf
ISBN: 978-3-937699-39-4; 300 Seiten; deutsch
Darwin irrt!
ISBN: 978-3-937699-00-4; 182 Seiten; deutsch
Der wahre Bankenschwindel
ISBN: 978-3-937699-96-7; 212 Seiten; deutsch
DER RUB€L MUSS ROLLEN
ISBN: 978-3-937699-15-8; 227 Seiten; deutsch
Literarischer Rebell
ISBN: 978-3-937699-04-2; 238 Seiten; deutsch
Der Euro Crasht. Was dann?
ISBN: 978-3-937699-29-5; 92 Seiten; deutsch
Der Impfwahnsinn. Impfen – die Lüge des Jahrhunderts
ISBN: 978-3-937699-30-1; 139 Seiten; deutsch

Über Nacht ein Star:
ISBN: 978-3-937699-02-8; 452 Seiten, deutsch

Esoterisches

The Secret of the seven Seals
ISBN: 978-3-949377105; 62 Seiten; englisch
Divine Message from the True God
ISBN: 978-3898118620; 176 Seiten; englisch
Der Sinn des Lebens – NIRVĀṆA
ISBN Band I: 978-3898114295; 484 S.; deutsch
ISBN Band II: 978-3898114301; 500 S.; deutsch
Seelenatem-Meditation
ISBN: 978-3898115322; 66 Seiten; deutsch
Die wahre Bedeutung der Bibel sowie die Wahrheit über Jesus Christus
ISBN: 978-3-937699-06-6; 219 Seiten; deutsch
Doppelband: Zwei in einem! Englisch und Deutsch! Die Botschaft des wahren Gottes NIRVĀNA & Divine Message from the True God; ISBN: 978-3-937699-13-4; 268 Seiten
Das Geheimnis des vollen Haares
ISBN: 978-3-937699-42-4; 90 Seiten; deutsch
Das illustrierte Buch des Lichts
ISBN: 978-3-937699-21-9; 81 Seiten; deutsch
Das Buch des Lichts für Kinder
ISBN: 978-3-937699-40-0; 46 Seiten
Das Buch des Lichts, Band I
ISBN: 978-3-937699-05-9; 151 Seiten; deutsch
Das Buch des Lichts, Band II
ISBN: 978-3-937699-10-3; 142 Seiten; deutsch
Das Buch des Lichts Band III
ISBN: 978-3-937699-26-4; 142 Seiten; deutsch
Das Buch des Lichts Band IV

ISBN: 978-3-937699-32-5; 150 Seiten; deutsch
Das Buch des Lichts Band V
ISBN: 978-3-937699-36-3; 186 Seiten; deutsch
Das Buch des Lichts Band VI
ISBN: 978-3-937699-38-7; 162 Seiten; deutsch
Das Buch des Lichts Band VII
ISBN: 978-3-937699-41-7; 200 Seiten, deutsch
Das Buch des Lichts Band VIII
ISBN: 978-3-937699-46-2; 192 Seiten, deutsch
Das Buch des Lichts Band IX
ISBN: 978-3-937699-48-6; 184 Seiten, deutsch
Das Buch des Lichts Band X
ISBN: 978-3-937699-49-3; 174 Seiten, deutsch
Das Buch des Lichts Band XI
ISBN: 978-3-937699-80-6; 166 Seiten, deutsch
Das Buch des Lichts Band XII
ISBN: 978-3-937699-98-1; 164 Seiten, deutsch
Das Buch des Lichts Band XIII
ISBN: 978-3-949377-08-2; 192 Seiten, deutsch
Die wahren Herrscher der Welt
ISBN: 978-3-937699-69-1; 64 Seiten, deutsch
Was die Engel uns lehren
ISBN: 978-3-937699-77-6; 158 Seiten, deutsch

Christian Anders auf CD und DVD

Audio-CD zum Buch „Darwin irrt“: Die Enthüllung. ISBN: 978-3-937699-03-5
Doppel-DVD zum Aids-Buch: The Man Who Created Aids (englisch!) ISBN: 978-3-937699-08-0
DVD Christian Anders - Sänger, Autor und vieles mehr. ISBN: 978-3-937699-09-7

DVD Christian Anders liest: Der wiedererwachte Ursprung aller Religionen;
ISBN: 978-3-937699-11-0
DVD Christian Anders liest: Die Finanzkrise – geplant oder zufällig?
ISBN: 978-3-937699-17-2
DVD Christian Anders liest: Impfen – die Lüge des Jahrhunderts; ISBN: 978-3-937699-22-6
DVD Christian Anders liest: Das Rätsel der Sphinx – Zum ersten Mal gelöst; ISBN: 978-3-937699-28-8
DVD Christian Anders liest: Waren Adam und Eva wirklich die ersten Menschen auf Erden?
ISBN: 978-3-937699-27-1
DVD Christian Anders liest: PÄDOPHILIE, das Ende der Religionen - DAS BUCH DES LICHTS, ein neuer Anfang.
ISBN: 978-3-937699-23-3
DVD Christian Anders liest: DARWIN IRRT! Der Mensch stammt nicht vom Affen ab - umgekehrt wird ein Schuh draus!
ISBN: 978-3-937699-24-0

Hörbücher

Hörbuch: Das Geheimnis der sieben Siegel
ISBN: 978-3-937699-37-0; Sprecher: Christian Anders; Laufzeit: ca. 70 min.
Hörbuch: Seelenatem-Meditation (3 CDs)
ISBN: 978-3-937699-43-1; Sprecher: Christian Anders; Laufzeit: ca. 3 Stunden

e-books von folgenden Bänden verfügbar:

Das Buch des Lichts, Band I -13
The Secret of the Seven Seals
Das Geheimnis der Sieben Siegel
Das Buch des Lichts für Kinder
The book of light for children
Seelenatem Meditation
Das Geheimnis des vollen Haares
Die Mauer. Liebe ist stärker
Der Impfwahnsinn
Grippewelle durch Chemtrails
Dantes Internet Inferno
Das illustrierte Buch des Lichts
Der Mann der Aids erschuf
Darwin irrt
Karatemeister Steve Tender
Seelenatem-Meditation
Die Botschaft des wahren Gottes NIRVĀNA &
Divine Message from the True God
CORONA. Fakt oder Fake?

Bestellen und mehr Info

Bücher, Hörbücher, CDs und DVDs

Verlag Elke Straube
01778 Geising,
Lindenallee 18
Fon: 0174/13 34 337
Fax: 035056/23784

Internet : www.straube-verlag.com,
www.straube-verlag.de
e-mail: elke.straube@web.de

Bestellen:
www.amazon.de
elke.straube@web.de oder in jeder Buchhandlung!

Mehr über die Bücher von Christian Anders:

www.christiananders.com
www.alle-religionen-vereint.com
www.straube-verlag.com
www.amazon.de